FELIX GERONIMO

San Agustín de Hipona

Publicado por Felix Geronimo en IngramSpark. Exterior creado con Book-Building Tool de IngramSpark.com. Portada creada con Canva.com. Imagen de la portada de Collections-GetArchive. Interior editado con el editor de Reedsy.com

First edition

ISBN: 978-9945-063-19-6

This book was professionally typeset on Reedsy.
Find out more at reedsy.com

Contents

Primeros años y familia

Personaje del siglo IV después de Jesucristo, San Agustín, llamado también Agustín de Hipona, tenía por verdadero nombre el de Aurelius Augustinus Hipponensis.

El cristianismo católico le ha dispensado los títulos de santo, padre y doctor de la Iglesia católica. Se le conoce como el "Doctor de la Gracia", y no se le disputa el haber sido un prolífico escritor, amén de un orador excelente, y el más grande de los pensadores del cristianismo del primer milenio después de Jesucristo. El pensador italiano Antonio Livi lo considera como uno de los más grandes genios de la humanidad.

San Agustín no dejó de escribir, especialmente sobre filosofía y teología. Su obra filosófica más destacada es Ciudad de Dios. Es también relevante su libro Confesiones (más conocido como Las Confesiones de San Agustín), que terminaría convertido en un modelo de autobiografía.

Nació en la ciudad de Tagaste, que hoy es la provincia de Argelia conocida como Souk Ahras, el 13 de noviembre del año 354. El 28 de agosto del año 430 murió en la ciudad de Hippo Regius, más conocida como Hipona, y hoy con el nombre de Annaba.

Fue San Agustín uno de los cuatro grandes Padres de la Iglesia latina. Los otros fueron San Gregorio Magno, San Ambrosio de Milán y San Jerónimo de Estridón. Se les llamó Padres de la Iglesia por la conjunción en ellos de varios factores: el de ser pastores, el de ser escritores eclesiásticos, el de vivir en los primeros siglos del cristianismo y quizás el factor más importante, que es el haber sabido dar testimonio, con increíble fuerza y claridad, de una fe convencida.

El padre de Agustín, Patricio, era un pequeño burgués de Tagaste y seguía siendo un pagano en el momento del nacimiento de su hijo. Fue un hombre práctico, un tanto rudo y definitivamente no el modelo de virtud cristiana. Como muchos romanos de la época, se aferraba a las creencias tradicionales y a la vida cotidiana. Se dice que era un hombre de temperamento fuerte, preocupado por el bienestar material de su familia más que por cuestiones espirituales. No es que fuera una mala persona, pero su prioridad no era necesariamente el cultivo del alma. Parecía más interesado en que su hijo lograra el éxito social y económico que en su vida interior. Invirtió en la educación de Agustín, asegurándose de que su hijo pudiera estudiar en las mejores escuelas de Cartago, una inversión considerable en un tiempo en el que la educación no era accesible para todos. En este sentido, fue clave para que Agustín desarrollara la aguda mente filosófica y retórica que lo llevaría a ser uno de los pensadores más influyentes de la historia.

La relación de Agustín con su padre estuvo marcada por una distancia emocional considerable. Agustín mismo lo describe en sus Confesiones como un hombre que no se preocupaba demasiado por el bienestar espiritual de su hijo. Patricio no fue un modelo de virtud, ni un guía moral, pero sí fue un modelo de ambición y pragmatismo. Tal vez, parte del hedonismo juvenil de Agustín, sus ansias de placer y éxito, se puedan rastrear hasta esa figura paterna que, aunque ausente en muchos aspectos, le proporcionó los medios para alcanzar esas metas terrenales.

Su madre, Mónica (Tagaste, año 332 – Ostia, año 387), no solamente era una mujer cristiana, sino piadosa y devota, cuya fe, disciplina en la oración y paciencia para con su marido y su hijo terminaron ganándolos a ambos para la causa del cristianismo y la convirtieron, por esto, en un ejemplo de santidad. Hoy se le conoce como Santa Mónica de Hipona. San Agustín reconocerá más tarde el magisterio de su madre cuando diga en sus Confesiones, III, 12, 21: "Vete en paz, mujer. ¡Así te dé Dios eterna vida! Que no es posible que perezca el hijo de tantas lágrimas".

Aleccionó Santa Mónica a su hijo en la fe cristiana y en el amor de Jesucristo. Por un tiempo pareció que este había sido impresionado por su enseñanza. Aterrado, en un momento de grave enfermedad, quiso ser bautizado, pero habiendo pasado el peligro, pospuso el bautismo, y, a pesar de las advertencias y las oraciones de su madre, Agustín creció sin ninguna profesión de piedad cristiana o cualquier devoción a los principios cristianos.

Heredero de la naturaleza apasionada de su padre, cuando no era todavía más que un mozo, entabló Agustín una relación amorosa libre con una chica, de la cual nació un hijo, a quien en un arranque de emoción piadosa llamó Adeodatus o Adeodato ("por Dios dado"). Más tarde, en sus Confesiones, describió este período de su vida en los términos más sombríos; en general, tendía a no ver más que sombras en su pasado después de su conversión.

Independientemente de sus yerros de juventud, Agustín fue desde siempre un estudiante serio. Su padre, dándose cuenta de su futuro promisorio en términos académicos, lo destinó a la brillante y lucrativa carrera de un retórico, para la que no reparó en gastos en la formación de su hijo.

Agustín estudió en su ciudad natal y después en Madaura y Cartago, con especial dedicación a las obras de los poetas latinos, por quienes sintiera una profunda admiración cuyos vestigios pueden encontrarse en sus escritos.

Su conocimiento de la literatura griega era mucho más limitado, y, de hecho, se ha puesto en duda, aunque sin razón suficiente, si podía estudiar las escrituras en griego en el original.

El Hortensius, de Cicerón, obra perdida en la actualidad, que Agustín leyó a los diecinueve años, despertó por primera vez en su mente el espíritu de la especulación y el impulso hacia el conocimiento de la verdad.

El maniqueísmo

Yendo de una fase del pensamiento a otra, Agustín era incapaz de encontrar satisfacción en ninguna. Durante una etapa de su vida fue cautivado por el maniqueísmo, que es una religión dualista, con marcada influencia zoroástrica y del cristiano-gnosticismo, fundada por Manes, líder religioso persa del siglo III después de Jesucristo.

Imagina una cosmovisión en la que el universo es como una partida eterna de ajedrez entre el bien y el mal, pero con más drama que una telenovela. Por un lado, el Bien, con toda la luz, la bondad y los ángeles. Por el otro, el Mal, lleno de oscuridad, caos y, probablemente, alguna que otra figura siniestra con capa. Sí, se trata del maniqueísmo.

Todo comenzó con un hombre llamado Manes (también llamado Mani), un persa nacido en el siglo III d.C. Manes no era cualquier hombre; era el tipo de persona que, cuando miraba al mundo, veía la lucha eterna entre el bien y el mal. ¡Y no se quedó ahí! Decidió que era su misión divina explicarnos cómo funcionaba este drama cósmico.

Manes, quien nació en lo que hoy es Irán, estaba influenciado por un cóctel teológico que incluía elementos del zoroastrismo, el cristianismo y el budismo. Según sus enseñanzas, el mundo estaba dividido en dos reinos absolutos: el Reino de la Luz (el

Bien) y el Reino de las Tinieblas (el Mal). Cada alma humana estaba atrapada en medio de esta lucha cósmica, un poco como ser un jugador sin quererlo en una partida de ajedrez entre Dios y el Diablo.

A los maniqueos les gustaba verlo todo en blanco y negro (o, en este caso, en luz y tinieblas). En este sistema, el Bien y el Mal eran entidades completamente separadas, sin posibilidad de reconciliación.

Según Manes, al principio solo existía la Luz. Pero luego llegó el Mal, invadiendo el mundo y sembrando el caos. El resultado fue la creación de un universo donde el bien y el mal estaban constantemente en guerra, una versión cósmica del "todos contra todos". La idea es que cada ser humano lleva dentro de sí una chispa de luz, pero está encerrada en la oscuridad del cuerpo material (una verdadera pesadilla para los maniqueos, quienes detestaban todo lo que fuera material).

Los maniqueos no solo creían en esta lucha dualista, sino que también llevaban esa creencia al extremo en sus vidas. Si eras maniqueo, había ciertas cosas que simplemente no podías hacer. Comer carne, por ejemplo, estaba prohibido, porque el reino de las Tinieblas se asociaba con la materia, y la carne, claro, era material. ¿Comer vegetales? Bueno, solo si eran los menos "sufrientes" (es que los maniqueos eran muy sensibles con las plantas). Era como ser vegano, pero con una filosofía cósmica detrás.

Además, la vida diaria de un maniqueo devoto incluía rezos, ayunos y una profunda meditación sobre cómo liberar la luz atrapada en su interior. Era un compromiso serio. Nada de andar por ahí haciendo lo que a uno le apeteciera; tenías que trabajar constantemente para ayudar a la Luz a triunfar sobre el Mal.

Manes fue un predicador incansable, y no se limitó a su natal Persia. Como cualquier buena celebridad espiritual, recorrió el mundo antiguo, desde Mesopotamia hasta Egipto, difundiendo su visión dualista. La popularidad de su movimiento creció como la espuma, pues, ¿a quién no le interesaría saber que hay una explicación cósmica a la pregunta de por qué las cosas van mal en su vida?

Manes también fue un hombre de letras. Escribió varios textos en los que explicaba detalladamente su sistema de creencias. Su estilo era, digamos, una mezcla entre un profeta y un autor de manuales de autoayuda cósmica. Manes no solo predicaba, sino que creía que su misión era establecer una nueva religión que corrigiera los errores de las religiones anteriores. Básicamente, se veía a sí mismo como el "último gran profeta" del bien contra el mal, un influencer espiritual.

El maniqueísmo alcanzó un gran éxito, pero tuvo sus detractores. Los zoroástricos, los cristianos y los musulmanes no estaban particularmente emocionados con la idea de que Manes llegara y dijera: "Oigan, yo lo he entendido todo, y ustedes están equivocados". De hecho, sus enseñanzas fueron vistas como heréticas en varias regiones, y los gobernantes comenzaron a perseguir a los maniqueos. Tristemente, Manes terminó sus días en prisión, y sus seguidores fueron acosados durante siglos.

Sin embargo, el maniqueísmo sobrevivió más tiempo del que podrías imaginar. A pesar de las persecuciones, se extendió por Asia Central e incluso llegó a China, donde encontró una extraña segunda vida durante varios siglos.

Aunque el maniqueísmo como religión ha desaparecido, la idea de ver el mundo en términos de bien y mal ha dejado una huella duradera en nuestra cultura. Cuando alguien dice que tiene una "visión maniquea" de las cosas, se refiere a esa tendencia a dividir el mundo en blanco y negro, sin reconocer los matices. Así que, aunque ya no tengamos maniqueos repartiendo volantes sobre la luz y la oscuridad, la influencia de Manes está por todas partes.

En resumen, eso fue el maniqueísmo: una religión antigua que dividió el mundo entre el bien y el mal, que nos dejó con un interesante legado filosófico y una advertencia sobre los peligros de ver la vida de manera demasiado rígida. Manes, el hombre que quería salvarnos de la oscuridad, probablemente se sorprendería si supiera que hoy lo vemos como un símbolo de ese eterno tira y afloja entre los extremos. Y, ¿quién sabe?, tal vez en algún rincón del universo, el Bien y el Mal todavía estén jugando su eterna partida de ajedrez, mientras nosotros intentamos encontrar nuestro lugar en el tablero.

Se convirtió Agustín en un ferviente miembro de la secta maniquea, y fue admitido en la clase de los auditores u "oyentes". Llegó a considerar que el maniqueísmo resolvía los misterios del mundo y de sus propias experiencias que lo hacían dudar.

Su insaciable imaginación se nutrió del mundo religioso de fantasía de los maniqueos, cuyo atractivo se realzaba por la rica exuberancia del mito oriental. Por su desarrollado sentido de una necesidad de la salvación buscó la satisfacción en el concurso de los dos principios del bien y del mal, y encontró la paz, al menos por el momento, en la convicción de que las porciones de luz presentes en él le liberarían de la oscuridad en la que se encontraba sumergido.

El ideal de la castidad y del control de sí mismo, que prometía un anticipo de la unión con Dios, lo asombró, atado como estaba por las cadenas de la sensualidad y por la agitación interna que no dejaba de agitarlo.

Sin embargo, a la vez que su fuerza moral era insuficiente

para la consecución de los grandes ideales que le prometía el maniqueísmo, poco a poco, por otro lado, veía cómo el pensamiento maniqueo se iba disolviendo por el peso implacable de sus propias críticas.

Ocupado cada vez más en el estudio de las ciencias exactas, comenzó a ver la incompatibilidad de la astrología maniquea con los hechos. Cada vez más absorto en los problemas de la psicología, se dio cuenta de la insuficiencia del dualismo, que no resolvía las cuestiones últimas, sino que simplemente las reinterpretaba.

Dudó de la fortaleza de los argumentos maniqueos, y una discusión que tuvo con el africano Fausto de Milevo, un obispo maniqueo distinguido y polemista, lo dejó muy decepcionado y fue una de las causas que determinaron que abandonara el maniqueísmo, si bien no lo hizo en ese momento.

Mientras tanto habían transcurrido nueve años. Para entonces Agustín tenía veintinueve años de edad. Después de terminar sus estudios, regresó a Tagaste, donde se convirtió en un maestro de la gramática. Debe de haber sido un excelente maestro, que sabía cómo influir en toda la personalidad de sus alumnos.

Fue entonces cuando se le unió Alipio, que en las últimas etapas de la vida de Agustín demostró ser un verdadero amigo y compañero. Permaneció en su ciudad natal poco más de un año, tiempo durante el cual vivió con su madre, que de esa manera encontró consuelo ante el distanciamiento de su hijo de la fe católica, y confortada también, sobre todo, por la famosa visión, que Agustín, en sus Confesiones, III, 11, describe así: "Se vio de pie en un sendero del bosque, y vio un joven resplandeciente que venía hacia ella, sonriente y alegre mientras ella se lamentaba y era consumida por la pena: y cuando él le hubo preguntado por las causas de su dolor y de sus lágrimas y ella le hubo dado por respuesta que estaba lamentándose de mi perdición, él le ordenó que se calmara, y le aconsejó que observara, 'pues donde ella estaba, estaba yo también', y cuando ella volvió a verse allí, me vio de pie junto a ella en el mismo camino".

Agustín ahora volvió por segunda vez a Cartago, donde se dedicó a trabajar con ahínco. Desde allí, probablemente en la primavera del año 383, emigró a Roma, capital del imperio romano. Sus amigos maniqueos le exhortaron a dar este paso, que se veía facilitado por la vida licenciosa de los estudiantes en Cartago.

Su estancia en Roma puede haber durado cerca de un año. No fue una época agradable para Agustín, ya que, aparte de que padeció por un tiempo una grave enfermedad, sus clientes y amigos pertenecían exclusivamente a los círculos maniqueos con los que en el ínterin había perdido por completo todo contacto intelectual. Por lo tanto, aceptó una invitación de Milán, en aquel tiempo llamada Mediolanum, donde se necesitaba en ese momento un maestro de retórica. Allí fue nombrado "magister rhetoricae".

En Milán todavía continuaba el conflicto dentro de su mente en busca de la verdad. Fue entonces cuando se separó abiertamente de la secta maniquea. Como pensador se dejó influir por entero por las ideas de la Nueva Academia. Profesaba la filosofía escéptica, aunque sin ser capaz de encontrar en ella la conclusión final de la sabiduría. No estaba, sin embargo, lejos de tomar otras decisiones. Dos cosas determinan el desarrollo ulterior de Agustín: su contacto con el neoplatonismo y su acercamiento a Ambrosio.

El neoplatonismo

Si alguna vez te has encontrado en una conversación filosófica en la que, por algún motivo extraño, la gente parece estar hablando en acertijos místicos, probablemente estén invocando a los neoplatónicos. Sí, esos pensadores que tomaron la ya compleja filosofía de Platón y decidieron darle un giro, añadiendo misticismo, teorías sobre la emanación de la realidad y, lógicamente, una pizca de obsesión con el "Uno", que es lo más abstracto que puedas imaginar. He aquí el fascinante, y a veces confuso, mundo del neoplatonismo, donde el pensamiento platónico se vuelve espiritual y casi mágico.

Para entender el neoplatonismo, primero hay que entender un poco a Platón. Este filósofo griego del siglo IV a.C. nos dio muchas ideas brillantes: el mundo de las ideas, la alegoría de la caverna, Sócrates haciendo preguntas molestas... Platón creía que la realidad que vemos no es la realidad real. Para él, el verdadero mundo estaba hecho de Ideas (con mayúscula), es decir, las formas perfectas e inmutables de las cosas. Nosotros, los pobres mortales, solo vemos sombras de esas Ideas en nuestro mundo material. Esto es como decir que tu hamburguesa favorita es solo una sombra pálida de la "Hamburguesa Ideal" que flota en el mundo de las formas perfectas.

Ahora figúrate que llega un grupo de pensadores, unos siglos después de Platón, y dicen: "¡El señor Platón estaba en lo correcto! Pero, ¿y si lo llevamos a un nivel superior? ¡Hagámoslo más esotérico y místico!". Así nacen los neoplatónicos, liderados por Plotino en el siglo III d.C. Este hombre decidió tomar la ya complicada filosofía de Platón y convertirla en una especie de camino espiritual hacia la iluminación. Y aquí empieza lo interesante... y lo confuso.

Para los neoplatónicos, en la cima de todo está el Uno. Y no, no es el Neo de la película Matrix. El Uno es una especie de principio supremo, más allá de cualquier cosa que podamos pensar o experimentar. Es tan abstracto que ni siquiera se puede describir con palabras. Es el origen de todo, pero al mismo tiempo no es nada en particular. En resumen, es como si el universo entero hubiera salido de un "todo" que no podemos entender, y la única forma de acercarnos a ello es mediante la contemplación profunda y el desapego del mundo material. ¡Buena suerte con eso!

Si Platón te parecía complicado con su mundo de Ideas, ahora tienes que lidiar con la noción de que todo lo que existe es una emanación del Uno. Sí, "emanación" es la palabra clave aquí. La realidad no fue creada por el Uno, sino que "emanó" de él, como el calor que sale del fuego o la luz que brilla desde una bombilla. Primero, del Uno emana el "Nous", que es una especie de mente cósmica (no, no estamos bromeando). Luego, de esa mente cósmica emana el "Alma" (de la cual provienen todas las almas individuales). Y, finalmente, llegamos al mundo material, que, para los neoplatónicos, es más bien el barrio feo de la realidad, el que está más lejos del Uno y, por lo tanto, es menos importante. En otras palabras, si estás preocupado por pagar la renta, los neoplatónicos te dirían que estás demasiado pegado a la materia y necesitas contemplar el Uno. Buena suerte con eso también.

Plotino, el padre del neoplatonismo, no solo enseñaba estas ideas, sino que vivía de acuerdo con ellas. Se dice que era un tipo tan místico que, según su discípulo Porfirio, llegó a alcanzar estados de unión con el Uno varias veces en su vida. ¡Nada mal para un filósofo! Claro, la experiencia no es como un día en la playa. La unión con el Uno no es una fiesta donde te encuentras con viejos amigos; es un estado de fusión total en el que pierdes toda noción de ti mismo. Pero si eso es lo que quieres para tus fines de semana, adelante.

Lo curioso es que Plotino, con toda su mística, nunca estuvo demasiado cómodo con su cuerpo. Según Porfirio, se negaba a celebrar su cumpleaños y, cuando se le preguntaba sobre su ascendencia, respondía con evasivas, como si el cuerpo no fuera importante (en realidad, en el neoplatonismo, no lo es). Al parecer, Plotino estaba tan concentrado en el Uno que el mundo físico y sus particularidades le parecían una distracción menor.

Puede que estés pensando: "Esto suena como algo que solo interesaría a unos pocos fanáticos del misticismo antiguo". Pero no. El neoplatonismo tuvo un impacto enorme, especialmente en la teología cristiana. De hecho, influyó en pensadores tan importantes como Agustín de Hipona, quien adaptó muchas de sus ideas neoplatónicas para construir su visión cristiana del mundo. ¿El Uno? Se transformó en Dios. ¿La emanación del Nous? Bueno, eso suena un poco como la creación divina. El neoplatonismo ayudó a algunos de los primeros cristianos a articular cómo podían reconciliar la idea de un Dios trascendente con la realidad material en la que vivimos.

Así que, aunque hoy en día el neoplatonismo no sea parte de la conversación filosófica cotidiana (no escuchas a mucha gente hablando de emanaciones mientras están en la fila del supermercado), su influencia, por medio de San Agustín y otros filósofos y teólogos, ha dejado una huella duradera en cómo pensamos sobre lo divino, lo material y el propósito de la vida.

Al entrar en contacto con la filosofía neoplatónica, el monismo sustituye al dualismo en el pensamiento de Agustín. Su mundo intelectualizado de las ideas reemplaza el materialismo del maniqueo.

En este punto se halló ante la opción de buscar la verdad fuera del mundo material, y de las cosas creadas aprendió a reconocer al Dios invisible. Alcanzó la certeza de que este Dios es siempre y eternamente el mismo, no sujeto a cambios ni en sus partes ni en sus movimientos.

Acercamiento a Ambrosio

Las convicciones metafísicas de Agustín se fueron transformando poco a poco. Se acercó, por entonces, a Ambrosio, obispo de Milán, destacado teólogo y orador, en quien la cultura mundana completa y la nobleza de una personalidad cristiana madura se unieron maravillosamente.

Se puede decir que detrás de la conversión y grandeza de Agustín está Ambrosio, este señor que bien podría haber sido la versión antigua de un mentor con estilo, una especie de influencer teológico. No solo influyó en las ideas de Agustín, sino que lo hizo con clase y con algo de sutileza.

Buscando respuestas, Agustín llegó a Milán, una ciudad tan cosmopolita y vibrante en el siglo IV como podría ser el Madrid actual. Ya tenía una crisis existencial encima, harto de las filosofías maniqueas y con una madre, Mónica, que podría haber sido una madre helicóptero versión siglo IV, siempre rezando para que su hijo "enderezara el camino". Pero fue Ambrosio, el obispo de Milán, quien hizo la jugada maestra.

Ambrosio no era cualquier obispo. Tenía la elocuencia de un político y la astucia de un ajedrecista. Cuando Agustín se acercó a él, inicialmente atraído por la retórica más que por la fe cristiana, no recibió precisamente un sermón típico. El obispo, como todo buen maestro, sabía que la clave estaba en escuchar. Pero en realidad, ¿escuchaba o disimulaba leyendo pergaminos cuando Agustín empezaba a hacerle preguntas existenciales? Tal vez, un truco más del sabio Ambrosio. No intentó convertir al joven de inmediato, eso sería demasiado obvio. En cambio, lo dejó disfrutar del espectáculo. Lo atraía con sus sermones como un buen orador que atrae a su audiencia con historias intrigantes y, sobre todo, con ejemplos de la vida cotidiana. Aquí es donde obispo de Milán mostró su habilidad como un maestro en el arte de la persuasión: en lugar de sermonear, daba un espectáculo. ¡Y Agustín quedó cautivado!

Ambrosio tenía ese don de hacer que las ideas cristianas no sonaran aburridas. ¿Que la Santísima Trinidad es un concepto complicado? No hay problema, Ambrosio te lo explicaba con una metáfora sobre la música o los astros, y Agustín se quedaba boquiabierto. Además, Ambrosio era un hombre de mundo, conocía los gustos refinados de Agustín por la filosofía griega, y se los mezclaba sutilmente con un toque de Platón y de Plotino y un guiño a Aristóteles.

El obispo de Milán también era un fanático de las Escrituras, pero sabía cómo hacerlas irresistibles para su alumno díscolo. Mientras Agustín andaba peleado con pasajes del Antiguo Testamento, que le parecían un tanto toscos, el prelado le enseñó que había que leer entre líneas, más allá de la literalidad, como quien busca la verdadera esencia en un plato gourmet. ¡Era casi un consejo de chef espiritual!

Por supuesto, este enfoque terminó por conquistar el paladar intelectual de Agustín, que pronto empezó a degustar las Escrituras con renovado entusiasmo. Nada como la habilidad de Ambrosio para transformar lo que parecía ser un simple guiso religioso en un festín teológico.

Finalmente, Agustín se convirtió al cristianismo, y aunque

la historia suele destacar sus luchas internas y sus epifanías bajo la famosa higuera, uno no puede dejar de preguntarse: ¿fue Ambrosio el verdadero autor intelectual de todo esto? Con su sabiduría calculada y su habilidad para guiar a Agustín hacia donde quería, pareciera que Ambrosio era un estratega consumado. Probablemente dejó caer los ingredientes justos en el caldero de la mente de Agustín, hasta que este hirvió en convicción.

Ambrosio no solo influenció a Agustín; lo convirtió en lo que podríamos llamar hoy "su mejor proyecto", el alumno estrella que, tras abrazar el cristianismo, lo llevó a alturas intelectuales nunca vistas.

La influencia de Ambrosio en Agustín fue tan profunda como ingeniosa. No lo forzó, no lo abrumó con dogmas; lo sedujo intelectualmente, como solo un verdadero maestro sabe hacerlo. Ambrosio es ese personaje que, si existiera hoy, probablemente sería una mezcla entre un filósofo y un gurú de autoayuda, capaz de transformar a sus seguidores no solo por lo que dice, sino por cómo lo dice. Con su elocuencia, su buen gusto por las metáforas y una paciencia digna de un santo, nos enseñó que la verdadera conversión, como la buena comida, se cocina a fuego lento. Al principio fue su oratoria y no el contenido de sus sermones lo que encantó a Agustín, quien buscaba la oportunidad de conversar con él, pero no era fácil hallar una ocasión propicia. Ambrosio no tenía tiempo para la discusión filosófica. No era inaccesible a quienes le buscaban, pero sin apartarse de sus estudios y de sus deberes. Agustín, como él mismo dice, se acercaba a verle sin ser anunciado, como hacía todo el que pudiera conseguirlo; pero después de permanecer durante un rato oyéndole, se alejaba de nuevo por temor de interrumpirle.

Continuaba, sin embargo, atento a las prédicas de Ambrosio,

de quien fue aceptando, de esta manera, poco a poco, el evangelio de la verdad y la gracia divina en su corazón. Se sumergió, con su amigo Alipio, en el estudio de las cartas del apóstol Pablo de Tarso; ciertos pasajes impactaron en su conciencia con una fuerza irresistible.

Su lucha interior se hizo más y más insoportable por la idea de la pureza divina luchando en su corazón contra el apego a las cosas mundanas y carnales. Que la sensualidad era su peor enemigo, lo había sabido por mucho tiempo. La madre de su hijo lo había acompañado a Milán. Cuando se convirtió, rompió con su prometida; pero ni el dolor de esta separación ni la consideración a su novia aún no casadera le impidieron entablar una nueva relación del mismo tipo.

En medio de todo esto, la determinación de renunciar a la vida antigua, con sus placeres de los sentidos, cada vez iba haciéndose más imperativa y más clara en él. Luego recibió la visita de un compatriota cristiano llamado Ponticiano, quien le habló del monje cristiano San Antonio Abad, fundador del movimiento eremítico; también le habló del monacato en Egipto y le explicó que había un monasterio cerca de Milán.

La conversión

Agustín se conmovió hasta lo más profundo cuando se enteró de que otros dos jóvenes funcionarios, además del propio Ponticiano, se habían decidido a darle la espalda al mundo. Eso precipitó su propia conversión. Imagina la escena: Agustín de Hipona, un señor bastante listo, con una vida llena de excesos, fiestas y algún que otro lío filosófico, de repente toma una de las decisiones más trascendentales de la historia del cristianismo. Pero, ¿cómo ocurrió exactamente ese giro argumental existencial en su vida? Vamos a sumergirnos en el momento en el que la vida de Agustín dio un giro digno de novela (o, más bien, de Confesiones), donde un episodio con una higuera, un niño cantor y un libro provocaron el cambio de un alma.

Antes de su gran conversión, Agustín era como el protagonista de una comedia dramática romana. A pesar de ser un joven brillante y haber leído un montón de libros, no lograba encontrar sentido a su vida. Se sentía como alguien que, tras haber probado todos los bufés filosóficos, seguía teniendo hambre de algo que no lograba identificar. ¡Es más!, hasta su madre, Santa Mónica, no paraba de insistir en que dejara esa vida de desenfreno y adoptara el cristianismo de una vez. Pero Agustín estaba en plan de "Mamá, déjame vivir mi vida, ya pensaré en lo espiritual cuando esté listo".

De joven, Agustín había sido un amante de la retórica (los buenos argumentos) y de otros tipos de placeres... digamos que menos espirituales. Como buen joven rebelde, tenía su faceta de fiestero. Sin embargo, había un conflicto interno constante. Era el chico que iba a las fiestas y, en medio del bullicio, se preguntaba sobre el sentido de la vida. "¿Qué hago aquí?", pensaba, con una copa en la mano, mientras sus amigos lo invitaban a más aventuras.

Pero aquel día, ya no pudo soportar estar dentro de la casa; en medio de una terrible excitación se precipitó hacia el jardín, donde aconteció una escena que él mismo describe de manera tan gráfica en las Confesiones: se arrojó debajo de una higuera, estalló en un llanto apasionado y derramó su corazón a Dios. De repente le pareció oír una voz pidiéndole que consultara al oráculo divino. Se trataba de un niño cantando en la casa vecina. "Toma y lee", cantaba, "toma y lee". ¿Era un coro angelical? ¿Una intervención divina? Quizá. Lo más probable es que el niño estuviera jugando, pero Agustín, en su estado emocional, lo interpretó como una señal directa del cielo. Es que cuando estás al borde de un colapso emocional, cualquier cosa parece un mensaje del destino.

Dejó de llorar, se levantó. En el lugar donde se encontraba sentado Alipio, encontró el volumen -que resultó ser la Biblia, por supuesto, porque no podía haber mejor sincronización- y, abriéndolo, leyó en silencio el siguiente pasaje de la Carta del apóstol Pablo a los Romanos, capítulo XIII, versículos 13-14: "Andemos como de día, honestamente; no en glotonerías y borracheras, no en lujurias y lascivias, no en contiendas y envidia, sino vestíos del Señor Jesucristo, y no hagáis caso de los deseos de la carne". ¿Coincidencia? Para Agustín, aquello fue como un rayo de luz divina que atravesaba las nubes.

Y aquí llega el momento clave: decidió cambiar su vida de inmediato. Fue como si en ese segundo, toda su existencia, sus dudas filosóficas, sus noches de fiesta y sus dilemas personales encontraran una respuesta definitiva. La conversión no fue un proceso lento y reflexivo, ¡no! Fue más bien un "basta, es ahora o nunca". Si en la antigüedad hubieran existido los memes, probablemente este sería el momento de "Agustín coge la señal".

Imaginemos a sus amigos de fiesta: "¿Qué pasó con Agustín? Hace un rato estaba con nosotros disfrutando y ahora dice que se va a convertir en monje". Los comentarios en los corrillos debieron ser epopéyicos. Santa Mónica, su madre, por otro lado, seguramente saltó de alegría y dijo algo como: "¡Te lo dije! ¡Te lo dije!". Ella siempre confió en que su hijo tendría un gran destino, solo que había tardado un poco en darse cuenta.

La conversión de Agustín tiene todo el drama de una obra clásica: el héroe en crisis, una intervención mística (o, al menos, lo suficientemente mística para él) y una decisión radical que cambiaría su vida y la historia del cristianismo para siempre. Todo en una escena de jardín que, en su momento, parecía ordinaria, pero que resultó ser el clímax de su vida.

Es fácil pensar que Agustín tuvo un "momento de claridad" como el que todos buscamos en algún punto de nuestra vida, cuando esperamos que algo o alguien nos dé una pista de hacia dónde ir. Lo gracioso es que, para Agustín, esa pista vino de un niño que cantaba. ¡Un niño! No fue una aparición divina en el cielo, no fue una señal cósmica, solo un niño cantando algo en el momento adecuado.

Al referirse a este momento de su vida, Agustín dice: "Ya no tengo deseos ni necesito leer más. Como si ya hubiera terminado la frase, como si la luz de la paz hubiera sido derramada en mi corazón, todas las sombras de la duda se han dispersado. Por lo tanto, me has convertido a Ti, de manera que sin buscar más esposa u otra esperanza del mundo, me afirmo de pie en el camino recto de la fe que tantos años atrás le revelaste a mi madre"(Confesiones, VIII, 12, sección 30).

La conversión de Agustín, como acostumbramos llamar a este evento, se llevó a cabo a finales del verano del año 386, unas semanas antes del comienzo de las vacaciones. La determinación de renunciar a su puesto de trabajo se vio facilitada por un malestar del pecho (no estuvo exento de peligro) que desde hacía meses le impedía trabajar.

Se retiró con varios compañeros a una finca de Casicíaco, cerca de Milán, que le había sido prestada por un amigo, y se anunció al obispo como un candidato para el bautismo.

Sus opiniones religiosas, en cierta medida, no se habían terminado de formar; e incluso sus hábitos de ninguna manera habían cambiado por completo como su arrepentimiento exigía. Menciona, por ejemplo, que durante este tiempo no rompió del todo con hábitos profanos, en tanto que, por otra parte, trataba de disciplinar su conducta y antecedentes para la recepción del rito sagrado.

Recibió el bautismo la siguiente Pascua, en su trigésimo tercer aniversario, y junto con él se bautizaron su hijo Adeodato y su amigo Alipio, quienes también fueron admitidos en la Iglesia. Mónica, su madre, había vuelto a reunirse con él, y estaba finalmente gozosa por el cumplimiento de sus oraciones.

Ella murió en Ostia, justo cuando estaban a punto de embarcarse para África. Sus últimas horas fueron de dicha por la simpatía cristiana del hijo. En el relato de la conversación que tuvo con su madre antes de que muriera y en la narración de su muerte y sepultura (Confesiones, IX, 10-11, secciones 23-28) se muestra el poder literaria de Agustín en su más alta expresión.

El plan de volver a casa quedó por el momento no cumplido. Agustín se quedó un año en Roma, ocupado en su obra literaria, sobre todo en controversia con el maniqueísmo.

No fue sino hasta el otoño del año 388 que por fin pudo regresar a Tagaste, probablemente todavía acompañado por su hijo, que, sin embargo, debe haber muerto poco después.

Primera comunidad agustiniana y obispado

Con algunos amigos, que se le unieron en la devoción, Agustín formó una pequeña comunidad religiosa, encabezada por él. Su modo de vida no era formalmente monástico de acuerdo con cualquier regla especial, pero la experiencia de este tiempo de reclusión fue, sin duda, la base de ese sistema monástico que Agustín después bosquejó y que ha dado nombre a distintas órdenes religiosas a lo largo de varios siglos.

Siendo Agustín, como era, un personaje de no escasa relevancia social, uno puede entender que la noticia de su conversión se extendiera rápidamente. Pronto comenzó a recibir, desde muchos sectores, invitaciones a una vida eclesiástica más activa.

Por el momento evadió las responsabilidades, pero no podía evitar su destino por mucho tiempo. Después de dos años y medio, pasados en el retiro, se encaminó a Hipona, donde tenía pensado encontrarse con un amigo cristiano que necesitaba comunicarle su intención de abandonar el mundo para consagrarse a la vida religiosa.

Allí encontró a la comunidad cristiana falta de un presbítero. Como se encontraba presente en la reunión en que sería elegido, los cristianos lo eligieron por unanimidad y recibió la orden del presbiterado. Pocos años después, en el 395 o el 396, se hizo obispo auxiliar, y finalmente se convirtió en obispo.

De aquí en adelante la vida de Agustín se llena con sus labores eclesiásticas, y está marcada por la serie de sus numerosos escritos y las grandes controversias en las que se involucró.

Su vida transcurrió en una lucha perpetua. Durante la primera mitad de su vida, esta lucha fue contra sí mismo; después, aunque los debates y controversias fuesen contra los argumentos de otros, parecía siempre que en esos otros encarnara una parte del propio obispo.

Primeros escritos

Desde temprana edad, Agustín se había destacado como autor. Había escrito varios tratados filosóficos, y, como maestro de retórica en Cartago, había también compuesto una obra sobre estética, denominada De pulchro et apto, la cual desapareció.

Ya en Casicíaco había combatido el escepticismo de la Nueva Academia (Contra Academicos). También había tratado de la "vida bienaventurada" (De Vita Beata), así como del significado del mal en el orden del mundo (De ordine) y de los medios de esclarecimiento de verdades espirituales (Soliloquia).

Poco antes de la hora de su bautismo, él estaba ocupado con la cuestión de la inmortalidad del alma (De immortalitate animae), y en Roma y en Tagaste seguía comprometido con los problemas filosóficos, como se evidencia por escritos como De quantitate animae y De magistro.

En todos estos tratados es evidente la influencia del método neoplatónico del pensamiento, que para él, como para muchos otros, se había convertido en el puente para el cristiano.

Controversia con los maniqueos

San Agustín de Hipona es recordado por muchas cosas, entre ellas su infame ruptura con los maniqueos. Agustín contra los maniqueos. Dos cosmovisiones, una lucha épica. Aunque hoy en día puede sonar como una disputa entre filósofos de sillón, en su momento fue un debate explosivo.

Para poner las cosas en perspectiva, los maniqueos, como ya vimos, eran seguidores Manes, quien en su tiempo fue el creador de un sistema filosófico y religioso que, simplificando mucho, decía que el universo está en una lucha constante entre el bien y el mal. La vida es como un tablero de ajedrez cósmico, donde Dios y el Diablo se enfrentan y tú, pobre humano, eres la pieza que ambos intentan mover a su favor.

Agustín, en su juventud, fue un entusiasta seguidor de esta secta. Se sintió seducido por este grupo que tenía respuestas claras sobre por qué el mundo es tan complicado. "Es simple", decían los maniqueos, "todo lo malo que pasa es culpa del mal, y todo lo bueno es obra del bien. No te preocupes, no es tu culpa". Este tipo de dualismo era muy atractivo, sobre todo si te gustan las soluciones fáciles para problemas complejos. Es como decir: "¿Por qué me comí toda esa pizza si estoy a dieta? ¡Porque el mal me obligó!". Muy conveniente. Después de un tiempo, Agustín se dio cuenta de que la visión maniquea era demasiado simplista y comenzó a aburrirse. En un giro dramático, decidió abandonar a los maniqueos y buscar respuestas más profundas.

Podemos imaginar la ruptura entre Agustín y los maniqueos como una especie de separación de una banda de rock. Agustín se había unido a la banda cuando era joven y rebelde, buscando algo de caos organizado en su vida. Pero, como cualquier banda con una ideología demasiado rígida, las tensiones crecieron. Mientras que los maniqueos seguían cantando la misma vieja canción de "Todo es culpa del mal", Agustín ya estaba componiendo sus propias letras más complejas.

Agustín se dio cuenta de que esta visión de la realidad en blanco y negro no solo era limitante, sino que también era como tratar de resolver un cubo de Rubik usando solo dos colores. Él quería una explicación más profunda, que incluyera el libre albedrío, la responsabilidad personal y, por supuesto, un Dios que no necesitara un villano permanente para justificarse.

Uno de los puntos más graciosos del conflicto fue cuando Agustín comenzó a cuestionar el uso de la fruta por los maniqueos. Sí, fruta. Los maniqueos creían que cuando comías fruta, liberabas partículas de luz que habían sido atrapadas por el mal. Agustín, probablemente frotándose la frente con frustración, se preguntaba cómo algo tan delicioso como una manzana podía estar atrapado en una guerra cósmica. Si este argumento suena extraño, es porque lo es. Y Agustín, ya cansado de tener que explicar a sus amigos por qué no podía comer uvas sin meterse en un debate teológico, decidió que ya había tenido suficiente.[1]

____

[1]   Para tener una idea más clara de la relación entre los maniqueos y las frutas, leamos el siguiente párrafo (traducido de Literatura e Historia. Episodio 84: Maniqueísmo. En: https://literatureandhistory.com/episode-084-manicha eism/#n28):

La parte más jugosa de esta controversia vino cuando Agustín empezó a atacar directamente las ideas de los maniqueos. Como un verdadero intelectual que acaba de tener una epifanía, Agustín dejó a los maniqueos plantados en la mesa de debate y corrió directo hacia la teología cristiana. En lugar de ver el mundo como una eterna lucha entre el bien y el mal cósmicos, Agustín empezó a hablar sobre el mal como la ausencia de bien, no como una fuerza autónoma que lucha contra Dios.

Imagina que los maniqueos, en un cuadrilátero, intentan golpear a Agustín con su dualismo clásico, diciendo: "El mal tiene tanto poder como el bien, ¡es una batalla eterna!". Agustín, desde la esquina contraria, esquiva el golpe con facilidad y responde: "No, amigos, el mal es solo la falta de bien. No es una entidad en sí misma, es como la oscuridad: solo está ahí cuando falta la luz".

Fue un golpe directo al sistema de creencias maniqueo. Es

Los maniqueos, que creían que el mundo mismo contenía fragmentos de los cielos divinos, tenían una actitud reverencial hacia las frutas y verduras como recipientes que contenían la luz sagrada del mundo superior... La ética maniquea hacia la comida era que en el mundo material degradado, la carne era el alimento más pesado, más oscuro y más carnal -el más intensamente material de los alimentos, mientras que las frutas y las verduras contenían más luz celestial. Los melones y los pepinos, por ejemplo, de color claro y sustancia porosa y acuosa, parecían en la imaginación maniquea estar un poco más cerca del cielo que la carne y el alcohol. Y al comer alimentos llenos de fragmentos de luz, los maniqueos creían que podían liberar estas partículas de luz... Agustín escribe en las Confesiones que, como maniqueo, "gradualmente e inconscientemente fui llevado a las trivialidades absurdas de creer que un higo llora cuando es recogido, y que la higuera, su madre, vierte lágrimas lechosas... [y que] pedacitos del Dios más alto y verdadero... permanecían atrapados en ese fruto" (Confesiones, III, 10, sección 18). Ciertamente es una doctrina que suena extraña para nuestros oídos, pero, como tantas ideas y prácticas relacionadas con la secta, la creencia en la sacralidad de la vida vegetal no suena como una idea especialmente malévola o dañina.

como si Agustín les hubiera quitado la alfombra filosófica de debajo de los pies. Y por si fuera poco, Agustín comenzó a escribir de forma prolífica contra sus antiguos camaradas, señalando todas las inconsistencias y locuras en sus ideas. Esencialmente, escribió el equivalente a un hilo de Twitter largo y devastador, donde desmantelaba cada uno de sus argumentos con paciencia y rigor.

A medida que avanzaba la pelea, quedaba claro quién salía ganando. Los maniqueos seguían insistiendo en su mundo dualista, donde el mal era casi tan fuerte como el bien. Mientras tanto, Agustín les respondía con la doctrina del libre albedrío: "¡El mal no es más que el mal uso de tu libertad!", decía. Es como si, en pleno debate, Agustín hubiera lanzado un spot que dijera: "Responsabilízate de tus actos", mientras que los maniqueos seguían culpando a las fuerzas cósmicas de todos sus problemas.

En el fondo, este conflicto es más que una simple disputa teológica. Es una lección sobre la maduración intelectual de Agustín. Pasó de ver el mundo en términos simples (el Bien contra el Mal) a una comprensión mucho más compleja de la responsabilidad humana, el libre albedrío y el papel de Dios en la creación. Y aunque hoy en día la controversia con los maniqueos no tenga el mismo protagonismo, en su momento fue un enfrentamiento épico que moldeó la teología cristiana para siempre.

Al final, Agustín ganó la pelea por nocaut filosófico, y los maniqueos quedaron relegados a una curiosidad histórica. Pero, como cualquier buen conflicto, nos dejó con algo importante: la idea de que el bien y el mal no son fuerzas equivalentes en constante batalla, sino que el mal es simplemente la ausencia del bien. San Agustín no solo resolvió una de las disputas más intensas de su tiempo, sino que también nos enseñó que no podemos culpar al universo de nuestros problemas. Siempre habrá un poco de libre albedrío involucrado... ¡y tal vez una manzana o dos en la mezcla!

El futuro Padre de la Iglesia latina todavía estaba en Roma cuando comenzó a llegar a ese ajuste de cuentas con los maniqueos, y escribió dos libros sobre la moral de la Iglesia Católica y de los maniqueos (De moribus ecclesiae Catholicae et de moribus Manichaeorum libri duo).

Durante muchos años mantuvo esta controversia en una larga serie de escritos, de los cuales el más notable es la elaborada respuesta a su antiguo socio y litigante, Fausto de Milevo (Contra Faustum Manichaeum).

Es natural que el maniqueísmo, que tanta influencia ejerciera en su mente, se convirtiera en la fuerza que potenciara el pensamiento de Agustín y lo revelara como un pensador teológico y polemista.

Aprovechó su propia experiencia del pasado para fortalecer sus argumentos a favor de la unidad de la creación y de la vida espiritual, y para explicar el sentido de la Iglesia cristiana en su postrera lucha con ese espíritu dualista que había hecho aparecer y había dado forma a una sucesión de doctrinas en pugna con el cristianismo.

Controversia con los donatistas

Fue la época del mayor entusiasmo eclesiástico e intelectual de Agustín. Su vigorosa actividad mental fue atraída en todas direcciones. Sin dejar la polémica contra los maniqueos, comenzó también su debate contra el movimiento religioso cristiano de los donatistas, a quienes condenó duramente tachándolos de apóstatas.

Esta controversia, a la que las circunstancias de la época dieron un protagonismo especial, fue una de las que más fuertemente le atrajeron, porque implicaba la constitución de la Iglesia y la idea católica del orden.

La controversia donatista tuvo su origen en la persecución de Diocleciano contra los cristianos, llamada Gran Persecución, a principios del siglo IV.

Una facción de la Iglesia de Cartago, inflamada de un celo fanático en memoria de los cristianos que se habían resistido a los mandatos imperiales y que por ello fueron perseguidos y martirizados por orden de Diocleciano, se resintió profundamente del nombramiento de un obispo de opiniones moderadas, de nombre Ceciliano, a quien, al parecer injustamente, acusaban de ser un apóstata que abjuró del cristianismo frente al dilema de negar su religión o morir martirizado, y decían de él, también sin razón, que era un traditor, es decir, uno de aquellos cristianos que en los momentos de la persecución, para salvarse, prefirieron entregar los libros sagrados del cristianismo a sus perseguidores.

Esta facción, en consecuencia, apartándose de la decisión oficial de la Iglesia, nombró obispo a un hombre llamado Mayorino, que más tarde fue sustituido por Donato, el principal cabecilla de la escisión.

La pretensión de los donatistas era, al parecer, la pureza de la religión; para ellos, solamente los sacerdotes de vida intachable estaban llamados a administrar los sacramentos y nadie que fuera hallado pecador podía ser miembro de la Iglesia.

Este movimiento se ganó rápidamente el favor popular, especialmente entre los sectores más desfavorecidos, a pesar de sucesivas resoluciones que se dictaron en su contra, tanto por el obispo de Roma como por el propio emperador Constantino I el Grande, sucesor de Diocleciano.

Agustín atacó fuertemente a este grupo cristiano que básicamente quería convertir la membresía de la Iglesia en algo así como un club VIP. ¡Sí! Ser cristiano de verdad, según los donatistas, no era para cualquiera. Había reglas, exclusividad, y si cometías un error grave, te sacaban del club. Mientras que la Iglesia, según Agustín, era para todos, incluso para los que habían metido la pata alguna vez. Así que en esta esquina teníamos a Agustín, el teólogo inclusivo, y en la otra a los donatistas, los guardianes estrictos del acceso espiritual. ¡Y así comenzó la pelea!

Imaginemos que la Iglesia es una fiesta. Para Agustín, todos estaban invitados: pecadores, santos, los que llegan tarde, los que no saben bailar... Incluso aquellos que, durante las persecuciones, habían renegado temporalmente de su fe (los llamados "traidores" o "traditores"). ¿Suena razonable, no?

Nadie es perfecto.

Pero para los donatistas, la cosa era mucho más estricta. Ellos creían que solo los verdaderos cristianos puros podían pertenecer a la Iglesia. Si alguna vez habías hecho algo mal, como, por ejemplo, renegar de tu fe para evitar ser lanzado a los leones, entonces ya no podías ser un miembro legítimo del club. Es como si llegaras a una fiesta y te dijeran: "Sabemos que una vez trajiste comida mala al picnic, así que... fuera de aquí". Y peor aún: ¡ni siquiera tus sacramentos valían! Si un sacerdote había flaqueado bajo presión, todo lo que hiciera era inválido. Imagina la paranoia de pensar que el bautismo que te dieron no cuenta porque el sacerdote tuvo un mal día hace veinte años.

Agustín, que ya venía curtido en controversias por su ruptura con los maniqueos, no podía tolerar este elitismo espiritual. Para él, la Iglesia era un hospital para almas, no un club de moralistas. Su argumento era sencillo pero poderoso: "El valor de los sacramentos no depende de la santidad de quien los administra". En otras palabras, si el sacerdote que te bautizó resulta ser un impresentable, ¡no te preocupes! Tu bautismo sigue contando. Es como si Agustín dijera: "El pinchadiscos de la fiesta puede ser pésimo, pero la música sigue siendo buena".

Los donatistas, sin embargo, eran los típicos aguafiestas. Para ellos, si el disc-jockey (o el sacerdote) había hecho algo mal en el pasado, todo lo que tocaba estaba arruinado. Así que imagina a Agustín tratando de calmar las aguas: "Amigos, reléjense un poco. ¿Quién aquí no ha cometido errores? La Iglesia es para todos, incluso para los que no siempre hacen lo correcto".

La gran pregunta detrás de esta controversia era: ¿la Iglesia puede ser perfecta en la Tierra? Los donatistas estaban obsesionados con la idea de una Iglesia pura, sin mancha ni pecado. Para ellos, permitir a pecadores en sus filas era como invitar a un terrorista a la fiesta de cumpleaños de un agente de la ley. Pero Agustín tenía una visión mucho más pragmática: la Iglesia era para los imperfectos, para los que aún estaban en proceso de redención. Es como si Agustín estuviera diciendo: "Amigos, nadie es perfecto. Y si echamos a todos los que alguna vez metieron la pata, esta Iglesia va a estar vacía".

Para Agustín, la Iglesia no era un paraíso exclusivo, sino una comunidad de personas en camino, gente que aún tenía que lidiar con sus propias debilidades. En su visión, la Iglesia debía ser como una sala de espera en la que todos están buscando curarse, no un club de los que ya estaban sanos.

La cosa no se quedó solo en debates teológicos. Se convirtió en un conflicto con tintes políticos. Los donatistas no solo querían formar su propio club exclusivo, sino que también querían que todos en África del Norte supieran que su versión de la Iglesia era la correcta. En su entusiasmo llegaban a veces a la violencia, como ocurre en las peleas callejeras entre fanáticos de equipos de fútbol.

Agustín, por su parte, trató de evitar el caos apelando al sentido común y, a veces, incluso a la intervención del Estado. Hoy nos parecería raro que un filósofo cristiano pidiera ayuda al gobierno, pero Agustín creía que a veces necesitas un poco de autoridad para mantener la paz. ¡La idea de la separación Iglesia-Estado aún no estaba muy desarrollada!

La filosofía de Agustín es, al final, bastante reconfortante para todos los que hemos cometido errores (es decir, todo ser humano). Su mensaje era claro: no podemos exigir una perfección absoluta en la Tierra. Todos estamos en este camino espiritual, algunos más adelantados, otros más rezagados, pero la salvación es para todos. Si los donatistas querían una Iglesia libre de manchas, Agustín les daba una gran bofetada teológica:

"La perfección está en Dios, no en nosotros".

Agustín no tenía problema en lidiar con las imperfecciones humanas. De hecho, él mismo confesaba abiertamente sus propios errores del pasado en su obra Confesiones. ¡Este era un hombre que sabía de lo que hablaba! Y por eso, su visión de la Iglesia era inclusiva, un espacio donde los imperfectos pudieran encontrar redención.

El enfrentamiento entre Agustín y los donatistas es como esas disputas entre dos grupos de amigos: los que quieren una fiesta relajada, abierta a todos, y los que quieren una lista de invitados muy selecta. Al final, la versión inclusiva de Agustín prevaleció, y la Iglesia adoptó su visión de un espacio para todos, no solo para los "puros". Los donatistas se fueron convirtiendo en una pequeña nota a pie de página en la historia, mientras que Agustín se convirtió en uno de los pilares del pensamiento cristiano.

Agustín fue fuertemente movido por la ilegalidad de la facción de los donatistas y escribió sucesivamente una serie de escritos en su contra, de los cuales perduran los más importantes.

Entre ellos se encuentran "Siete Libros sobre el Bautismo" (De Baptismo contra Donatistas), escrito aproximadamente en el año 400, y una larga respuesta, en tres libros, a Petiliano, obispo de Cirta (Constantina), que fue el teólogo más destacado entre los teólogos donatistas.

En un período posterior, alrededor del año 417, Agustín escribió un tratado relativo a la corrección de los donatistas (De correctione Donatistarum), todo "por el bien de las personas", afirma en sus Retractaciones, "que no estaban dispuestas a que los donatistas fuesen objeto de la corrección de las leyes imperiales".

En estos escritos, a la vez que se mantiene vigorosamente la validez de la Iglesia erigida en el mundo romano y la necesidad de moderación en el ejercicio de la disciplina de la iglesia, Agustín, sin embargo, en su celo contra los donatistas, introduce ciertas máximas en cuanto a la obligación del poder civil para controlar el cisma, que son una mala señal y han ocasionado tantos desastres en la historia del cristianismo.

Controversia pelagiana

La tercera polémica en la que participó Agustín fue la más importante y la que más profundamente se asocia con su distinta grandeza como teólogo. Como puede suponerse, debido a los conflictos por los que había pasado, el obispo de Hipona estaba interesado en lo que puede llamarse el aspecto antropológico de la gran idea cristiana de la redención.

Él mismo había sido sacado de la oscuridad a la "luz maravillosa" solo entrando en las profundidades de su propia alma, y descubriendo, después de muchas luchas, que no había ningún poder fuera de la gracia divina, como se revela en la vida y muerte del hijo de Dios; únicamente esta gracia podría traer reposo a la fatiga humana, o el perdón y la paz ante el pecado.

A partir de su propio caso, había encontrado que la naturaleza humana es en sí demasiado débil y pecadora y que no se halla allí bien alguno. Solo en Dios puede encontrarse el bien.

Este profundo sentido de la pecaminosidad humana atraviesa toda su teología; la dota a su vez de profundidad y la convierte en objeto de profunda simpatía por todos aquellos que terminan identificándose con ella porque experimentan la realidad del pecado y ese tinte de la oscuridad y la exageración que con tanta seguridad han repelido otros.

La expresión "agustinismo" apunta especialmente a los dictámenes del gran maestro que fueron evocados en la controversia pelagiana, a la que dedicó el período más maduro y poderoso de su vida.

Sus oponentes en esta controversia fueron el monje británico Pelagio, ascético de cuyo nombre deriva el de la controversia, así como Celestio y Juliano, alumnos del primero.

Nada se sabe con certeza en cuanto a la procedencia de Pelagio. Agustín lo llama Brito, y también lo hacen Marius Mercator y Orosio. Jerónimo apunta a su ascendencia escocesa, en términos, sin embargo, que no dejan claro si era nativo de Escocia o de Irlanda.

Era un hombre de carácter intachable, dedicado a la reforma de la sociedad, lleno de confianza en los impulsos naturales de la humanidad, que a menudo acompaña de entusiasmo filantrópico. Alrededor del año 400 llegó, ya no tan joven, a Roma, donde vivió durante más de una década, y pronto se hizo notorio por su actividad y por sus opiniones.

Su alumno Celestio, un abogado de noble ascendencia y origen desconocido, desarrolló las ideas de su maestro con absoluta franqueza en una obra, hoy perdida, que se titulaba Contra traducem peccati; así que, mientras viajaba con Pelagio por África, en el año 411, tuvo que comparecer ante el sínodo de Cartago para dar explicaciones de las seis tesis en que se resumían las ideas de Pelagio: que Adán habría muerta aunque no hubiera pecado; que el pecado de Adán fue puramente personal y no tiene por qué afectar a nadie más que a sí mismo; que cada hombre, por lo tanto, nace con las atribuciones incorruptas como las de Adán, y solo cae en el pecado bajo la fuerza de la tentación y el mal ejemplo; que los niños que mueren en la infancia se salvan sin necesidad del bautismo, por cuanto se encuentran en el mismo estado que Adán antes de la caída; que la humanidad no muere por el pecado de Adán ni resucita por la resurrección de Cristo; que la ley mosaica es tan buena guía para el cielo como el Evangelio, y que antes de la venida de Cristo hubo personas que se mantuvieron sin pecado.

Celestio se negó a retractarse del contenido de su obra, alegando que la herencia del pecado de Adán era una cuestión de interpretación abierta y que su negación no debía considerarse como una herejía. Como resultado fue excomulgado y sus seis tesis fueron condenadas.

Estas ideas pelagianas, obviamente, entraban en conflicto con todo el curso de la experiencia de Agustín, así como con su interpretación de la doctrina católica de la Iglesia. Después del juicio y la excomunión de Celestio, emprendió su refutación, en primer lugar en tres libros sobre el castigo y el perdón de los pecados y el bautismo de infantes (De peccatorum meritis et remissione et de baptismo parvulorum), obra dirigida a su amigo Marcelino, en el que reivindicó la necesidad del bautismo de los recién nacidos a causa del pecado original y la gracia de Dios por la cual somos justificados (Retractaciones, II, 23).

Esto ocurrió en el año 412. En el mismo año dedicó un tratado más al mismo Marcelino sobre El Espíritu y la Letra (De Spiritu et Littera). Tres años más tarde compuso los tratados sobre la naturaleza y la gracia (De natura et gratia) y la relación del ser humano con la justicia divina (De perfectione iustitiae hominis).

Pelagio, al parecer, veía el mundo con unas gafas color de rosa. Para él, el pecado original no nos había dejado tan mal como Agustín creía. Según Pelagio, Adán y Eva podían haber metido la pata en el jardín del Edén, pero eso no significaba que nosotros fuéramos culpables por lo que hicieron esos dos hace tanto tiempo. ¡Nosotros teníamos la capacidad de hacer el bien y ser perfectos si nos lo proponíamos! Es decir, según

Pelagio, el libre albedrío era tan potente que cualquier humano, con suficiente esfuerzo, podía alcanzar una vida sin pecado.

Por su parte, Agustín, siendo un hombre que había pasado por las tentaciones de la carne, las fiestas locas y el hedonismo, ya sabía que la voluntad humana, por sí sola, no era precisamente una herramienta confiable. Era como confiar en un GPS que te lleva siempre al lugar equivocado. Para Agustín, necesitamos la ayuda divina. ¡El ser humano no puede salvarse por sí mismo! Así que la idea de que alguien pudiera ser perfecto sin ayuda divina le parecía francamente ridícula.

Cuando Agustín se enteró de las ideas de Pelagio, su reacción probablemente fue una mezcla de risa y alarma. "¡Espera, espera, espera!", se habrá dicho. "¿Este hombre realmente cree que podemos ser perfectos solo con fuerza de voluntad? ¿No sabe acaso lo fácil que es caer en la tentación?". Para Agustín, el pecado original había dejado al ser humano en un estado de fragilidad moral. Estábamos constantemente inclinados al mal, a meter la pata, a querer lo que no debíamos querer. En resumen, el ser humano necesitaba la gracia divina para enderezarse, como un vehículo que necesita alineación constante para no desviarse del camino.

Así que Agustín lanzó una contraofensiva teológica. Su tesis era que sin la gracia de Dios estábamos condenados a fallar. No importa cuántas ganas le pongas, la naturaleza humana es débil, vulnerable y necesita ayuda. Es como intentar armar un mueble de IKEA sin el manual: puede que lo intentes con mucho entusiasmo, pero al final las piezas van a quedar mal encajadas. Para Agustín, Pelagio estaba siendo peligrosamente ingenuo.

Agustín defendía que el pecado original no era simplemente un mal recuerdo de Adán y Eva. Para él, todos nacíamos con una inclinación hacia el mal. Y, lo peor de todo, no podíamos corregir ese rumbo por nosotros mismos. Era como si la humanidad entera estuviera en un programa de rehabilitación cósmica y, sin la ayuda de Dios, no había manera de que nos limpiáramos del todo.

Así que, para Agustín, la gracia divina era absolutamente necesaria. Era como un superpoder que nos permitía hacer el bien. Sin ella, estábamos perdidos, condenados a repetir los errores de siempre. Y claro, para un hombre que había vivido al límite antes de convertirse en obispo, esta idea no era solo teórica. Agustín sabía de lo que hablaba.

La controversia entre los pelagianos y Agustín se convirtió en una especie de debate sobre si el ser humano necesitaba o no esa ayuda extra. Pelagio estaba convencido de que, con suficiente disciplina, todos podíamos llegar a ser algo así como "cristianos olímpicos" que nunca cometían faltas. Agustín, más realista, decía que sin la intervención de Dios, ese ideal estaba muy, muy lejos de nuestro alcance.

El problema de Pelagio era que su idea de la perfección humana tenía consecuencias prácticas algo incómodas. Si él tenía razón, eso significaba que cualquiera que pecara no podía culpar a nada más que a su propia falta de esfuerzo. Es como si Pelagio hubiera montado un gimnasio espiritual en el que todos podían tener un "cuerpo moral perfecto" si se entrenaban lo suficiente. ¿No eres perfecto? ¡Es tu culpa por no esforzarte lo suficiente! Esto, obviamente, sonaba un poco odioso para las masas de pecadores normales que buscaban consuelo en la Iglesia.

Agustín ofrecía un enfoque mucho más reconfortante: todos somos pecadores, pero no es solo culpa nuestra. La gracia de Dios es el remedio, y lo único que debemos hacer es aceptarla. En vez de un gimnasio espiritual, Agustín veía la Iglesia como un hospital: estamos todos un poco enfermos moralmente, y la gracia es el tratamiento. ¡Bienvenidos todos al club de los pecadores redimidos!

La visión de Agustín prevaleció. La Iglesia terminó condenando las ideas de Pelagio como heréticas, y el cristianismo adoptó oficialmente la postura de que necesitamos la gracia para ser salvados. Si bien Pelagio tenía buenas intenciones (¿quién no querría pensar que podemos llegar a ser moralmente perfectos?), su enfoque era demasiado exigente para la mayoría de los cristianos comunes y corrientes.

Agustín, con su enfoque más misericordioso, ofrecía una teología en la que podíamos aceptar nuestras limitaciones humanas sin caer en la desesperación. Su mensaje fue más aceptable para la mayoría de las personas que sabían que, a pesar de sus mejores esfuerzos, siempre habría momentos de debilidad.

La controversia pelagiana es una de esas grandes disputas teológicas que nos recuerda que, en el fondo, todos estamos tratando de entender cómo vivir bien en un mundo lleno de tentaciones. Pelagio creía en la perfección humana; Agustín, en la necesidad de la gracia. Y al final, el realismo agustiniano ganó: somos débiles, imperfectos, pero, con la ayuda de Dios, podemos superar nuestras limitaciones. ¡Qué alivio!

La controversia pelagiana continuó durante muchos años en no menos de quince tratados. A ninguna otra cuestión dedicó Agustín más su fuerza intelectual, ni con motivo de ninguna otra cosa han afectado sus puntos de vista de manera más profunda y permanente el curso del pensamiento cristiano.

Incluso aquellos que más de acuerdo se encuentren con sus puntos de vista teológicos, a duras penas podrán negar que, al mismo tiempo que se esforzaba en estos escritos por reivindicar la verdad divina y exponer las verdaderas relaciones de lo divino con lo humano, también, aquí como en todas partes, se apresuraba a entrar en afirmaciones extremas en cuanto a lo absoluto de la gracia divina y la extensión de la corrupción humana.

Al igual que su gran discípulo Lutero en una edad más tardía, Agustín era propenso a hacer hincapié en el lado de la verdad que había comprobado a partir de su particular experiencia, y, en contraposición a la exaltación pelagiana de la naturaleza humana, a depreciar sus capacidades más allá de toda medida. Los pelagianos defendían que el ser humano puede ser casi un superhéroe moral, capaz de ser perfecto por sí mismo. En tanto que Agustín, tras sus años salvajes, tenía una visión bastante menos optimista de la humanidad.

* * *

Además de estos escritos polémicos, que marcan las grandes épocas de su vida y de su actividad eclesiástica, Agustín, después de su asentamiento como obispo en Hipona, fue el autor de otras obras, algunas de ellas más conocidas y hasta más importantes.

Ciudad de Dios

La gran obra de Agustín, la más elaborada, y en algunos aspectos lo más significativo que salió de su pluma, es Ciudad de Dios (De civitate Dei). Está diseñada como un gran tratado apologético en vindicación del cristianismo y de la Iglesia cristiana, concebida esta última en la forma de un nuevo orden cívico que surge de las ruinas del imperio romano.

Pero esta obra, escrita en veintidós libros, es también quizá la más antigua contribución a la filosofía de la historia, ya que, a través de numerosas digresiones, el autor construye un repertorio de opiniones teológicas de gran valor.

Si San Agustín viviera hoy y escribiera Ciudad de Dios, probablemente lo haría en su blog personal, y tal vez pondría a la obra un título como Reflexiones desde el Cielo y la Tierra, o quizás un título más político como "Respuestas del cristianismo a las contradicciones del mundo actual". Porque este libro es mucho más que una profunda obra teológica: es una especie de manual espiritual para lidiar con el caos del mundo o, en otras palabras, un tratado de cómo no perder la cabeza mientras el imperio se derrumba a tu alrededor.

Agustín escribió Ciudad de Dios como respuesta a los rumores que culpaban a los cristianos por la caída del Imperio Romano, pero lo que realmente hizo fue redactar un inmenso comentario que cubría desde política hasta el sentido de la vida. Si lo analizamos bien, es como si alguien le hubiera pedido a San Agustín que escribiera un "informe detallado" de por qué el mundo se está cayendo a pedazos, y él hubiera aceptado el desafío. El resultado fue esta obra monumental, que mezcla drama, crítica social y, por supuesto, lecciones de vida estilo Agustín.

En el centro de Ciudad de Dios está la comparación entre dos ciudades: la Ciudad Terrenal (básicamente, la caótica Roma) y la Ciudad de Dios (una utopía divina). Si esto fuera una película, se vería a un San Agustín exasperado mientras Roma, la Ciudad Terrenal, se enorgullece de sus placeres, guerras y corrupción. Sería algo así como ver un reality show donde Roma tiene el papel de la estrella disfuncional que siempre está metida en algún escándalo.

Para Agustín, la Ciudad Terrenal representa todo lo que está mal con el mundo: ambición, lujuria, poder... Es como si hubiera estado prediciendo, ya en su época, lo que vemos hoy en las noticias o en los dramas de las redes sociales. Y luego está la Ciudad de Dios, que es el lugar donde todo es amor y paz (por supuesto, sin anuncios ni notificaciones molestas). Claramente, es la opción más atractiva, pero también la que requiere mucho más trabajo. Es como si San Agustín nos enfrentara a un dilema: "Puedes vivir en el desastre de la vida moderna, o esforzarte un poco y apuntar a algo mejor".

Uno de los puntos clave de Ciudad de Dios es que, cuando Roma se derrumbó, todos comenzaron a señalar con el dedo a los cristianos. "¡Oh, esto es por culpa de ellos!", decían. Y Agustín, en lugar de simplemente decir "No, no es así", escribió ¡22 libros para explicarlo! Eso es un nivel de compromiso que hoy veríamos en alguien que responde con mucho más que un hilo de Twitter interminable.

Básicamente, Agustín argumenta que la caída de Roma no tiene nada que ver con el cristianismo, sino con las malas decisiones políticas y morales de los propios romanos. "No es nuestra culpa si ustedes se pasan la vida adorando dioses de mármol y gastando el presupuesto público en juegos y fiestas", parece decirnos. Y, para ser justos, no está tan lejos de la verdad. En este punto, Agustín suena como el sabio amigo que siempre dice: "Te lo dije", mientras observa desde la distancia cómo todo se va desmoronando.

Otro tema recurrente en Ciudad de Dios es la clásica pregunta filosófica: "¿Por qué pasan cosas malas a la gente buena?". Agustín no se anda con rodeos y nos da una respuesta muy al estilo de "las cosas pasan porque vivimos en la Ciudad Terrenal, llena de imperfecciones, y Dios tiene un plan que no siempre entendemos". Es casi como si nos dijera: "Amigo, relájate, esto es solo temporal, ¡la Ciudad de Dios es lo que importa!".

Y mientras nosotros, con nuestras mentes modernas, seguimos tratando de entender por qué se descompone el vehículo justo cuando tenemos una reunión importante, Agustín simplemente nos recuerda que estamos atrapados en el mundo terrenal, y que las dificultades son parte del trato. Él es como ese compañero optimista que siempre ve el lado positivo, incluso cuando todo parece ir mal.

En un giro inesperado, San Agustín también se convierte en una especie de sociólogo avant la lettre. En Ciudad de Dios, no solo discute la relación entre lo terrenal y lo divino, sino que hace un análisis impresionante de las estructuras políticas y sociales. Si Agustín viviera hoy, probablemente daría charlas TED tituladas "¿Por qué nuestras ciudades están fallando?", o "Cómo construir una sociedad que realmente funcione".

Él sabía que la decadencia de Roma era el resultado de una sociedad centrada en sí misma, demasiado preocupada por el poder y los placeres inmediatos. Es como si estuviera mirando a nuestro propio mundo moderno y dijera: "Sí, he visto este episodio antes, y no termina bien".

Ciudad de Dios es, en última instancia, la guía de Agustín para sobrevivir en un mundo imperfecto. Nos recuerda que, aunque estemos rodeados de caos, hay algo más grande en lo que podemos confiar. Suena muy serio cuando lo dice, pero también es cierto que está lleno de verdades intemporales.

Si San Agustín estuviera aquí, tal vez nos diría: "No te obsesiones con lo que está mal en el mundo, enfócate en lo que puedes hacer mejor en tu propia vida". Y es que, en lugar de caer en la desesperación por el caos externo (o por la última caída de las redes sociales), lo que realmente importa es cómo nos preparamos para esa otra ciudad, la que no está hecha de piedra ni de política, sino de lo divino.

Ciudad de Dios no es solo un texto teológico pesado. Es una especie de manual de supervivencia, un recordatorio de que, aunque el mundo se esté derrumbando, siempre hay una mejor ciudad a la que podemos aspirar. Y en el fondo, ¿no es eso lo que todos queremos: una ciudad sin tráfico, sin corrupción, sin escándalos... y con la mejor señal de wifi?

Ciudad de Dios y sus Confesiones son, probablemente, los dos trabajos que más fama le han dado a Agustín: Ciudad de Dios, como la más alta expresión de su pensamiento y las Confesiones, por ser el mejor testimonio de una vida arrepentida y de la experiencia cristiana.

Ciudad de Dios se inició en el año 413, y se siguió publicando en varios momentos durante un período de trece años, hasta 426. En tanto que Confesiones fue escrito poco después de que Agustín llegara a ser obispo, sobre el año 397, y ofrece un bosquejo de su vívida carrera temprana.

En estos escritos, a los anhelos y expresiones devotas de una gran alma se añade el encanto de la revelación personal; nunca, por eso, han dejado de concitar la admiración en todos los espíritus afines a la piedad.

Confesiones

En las Confesiones, Agustín nos cuenta, como si fuésemos sus psicólogos o confidentes, los conflictos que tanto lo atormentaban: los traumas de su juventud, las pasiones desbordadas y las eternas luchas entre el cuerpo y el espíritu.

Desde el principio de la obra queda claro que el joven Agustín tenía lo que podríamos llamar hoy un "conflicto edípico no resuelto". Relata cómo se distanció de su madre, Mónica, en su juventud, rebelándose contra sus enseñanzas religiosas mientras se entregaba a una vida de excesos. Esto podría verse hoy como un clásico caso de "ambivalencia hacia la figura materna". Al igual que muchos adolescentes, Agustín buscaba afirmarse por su cuenta, pero detrás de esa rebelión se escondía una gran "dependencia emocional" hacia Santa Mónica, que nunca dejó de orar por su salvación. Quizá la necesidad de Agustín de distanciarse del ideal materno reflejaba su deseo de individuación, pero el peso de las expectativas de su madre lo perseguía, generándole culpa inconsciente.

Otro tema destacado del libro es la lucha interna entre el cuerpo y el alma. Agustín describe en sus Confesiones cómo se sintió atrapado por los deseos de la carne, a pesar de querer elevarse hacia lo divino. Esa confesión podría interpretarse como un conflicto entre el "principio de placer" y el "principio de realidad". Agustín, en su juventud, estaba atrapado en lo que el psicoanálisis llamaría una "fase fálica" prolongada, dominado por el impulso erótico que alimentaba su necesidad de gratificación inmediata. La represión y la sublimación juegan un papel importante en la transformación de estos deseos. Agustín se debatía entre su deseo por las experiencias sensuales y su creciente búsqueda de la verdad espiritual.

Además, no podemos ignorar la famosa frase de Agustín: "Señor, hazme casto... pero aún no". En este punto hay que preguntarse por el "mecanismo de defensa" que el futuro obispo de Hipona estaba usando para postergar su conversión. Claramente, este era un caso clásico de "negación" o de "formación reactiva": por un lado, quería la salvación; por otro, no estaba listo para renunciar a los placeres terrenales. Su tendencia a postergar decisiones importantes sugiere una profunda "ambivalencia" hacia la idea de cambio. En términos modernos, podríamos decir que Agustín tenía miedo de asumir un nuevo rol identitario; temía lo que vendría después de abandonar su antigua vida, algo que hoy en día se conoce como el "miedo al compromiso".

En el libro se palpa la "angustia existencial" de San Agustín. Su búsqueda incansable de la verdad y su ansiedad sobre el destino de su alma podrían verse como una manifestación del "superyó" extremadamente dominante, esa voz interna que constantemente le exigía la perfección moral y espiritual. Si bien Agustín lo interpretaba como el llamado de Dios, actualmente podría verse como la presión de una autoridad interiorizada, lo que generaba en él un profundo sentimiento de culpa.

Sin embargo, no todo era conflicto. A lo largo de sus confesiones encontramos momentos de introspección y de profunda reflexión sobre la naturaleza humana y sobre el deseo y la búsqueda de lo trascendente. Podríamos llamar momentos de "integración psicológica" a estos pasajes de la obra. Agustín estaba en el proceso de lo que Carl Jung llamaría la "individuación", ese viaje hacia la unificación de los aspectos conscientes e inconscientes del yo. Confesiones es la revelación de un hombre que, a través de un doloroso proceso de autoconocimiento, estaba comenzando a reconciliarse consigo mismo.

Otro aspecto destacado es el uso que el santo hacía de la memoria. Para él, la memoria no solo era un archivo de su vida pasada, sino también un lugar donde se encontraba con Dios. Por lo tanto, se puede sugerir que estaba practicando una forma temprana de "terapia narrativa", pues reescribía su historia personal para darle un significado más profundo. Al revisitar sus experiencias desde una nueva perspectiva espiritual, Agustín encontraba sentido y propósito en su vida, transformando el pasado en una fuente de redención.

En conclusión, Confesiones revela a un hombre en lucha con sus deseos, su historia y su identidad, desde sus conflictos familiares hasta su batalla interna entre el placer y el deber. Su camino hacia la conversión, aunque espiritual en esencia, también puede verse como un viaje psicológico hacia la reconciliación de su ser dividido.

Otras obras

Algo del encanto de Ciudad de Dios y de las Confesiones hay también en Retractaciones, que es el trabajo extraordinario que Agustín, en el año 427, hacia el final de su vida, llevó a cabo como si se tratara de una revisión de su actividad literaria, con el fin de revisar yerros y aclarar dudas.

No debe pasarse por alto su tratado sistemático sobre la Trinidad (De Trinitate), que se desarrolla en quince libros y que lo ocupó durante casi treinta años. Este importante trabajo, a diferencia de la mayoría de sus escritos dogmáticos, no fue provocado por ninguna emergencia, controversia o situación especial, pero se desarrolló en silencio durante este largo período en la mente del autor.

Por eso ganó en exhaustividad y tiene una mejor disposición orgánica que la que es habitual en Agustín, además de que aquí dedica también más tiempo a la discusión prolongada de diversas analogías, más curiosas que apropiadas en relación con la doctrina que expone.

Breve y concisa es la presentación de la doctrina católica en el compendio, que, alrededor del año 421, escribiera a petición de un laico romano llamado Laurentius; el escrito se llama Encheiridion, sive de fide et spe caritate (Enchiridion, o del amor de la fe y la esperanza).

A pesar de su título, el trabajo de compendio de la doctrina cristiana (De doctrina Christiana), iniciado ya en el año 393, pero no terminado antes del 426, no pertenece a los escritos dogmáticos. Es una especie de hermenéutica bíblica, en el que también se tratan las cuestiones sobre la homilía.

Agustín desarrolló sus principios catequéticos en el encantador volumen De catechizandis rudibus, escrito hacia el año 400.

Dedicó un gran número de tratados a los problemas morales y teológicas (Contra mendacium, hacia el 420; De bono conjugali, alrededor de 401, etc.).

Amplia influencia ejerció el tratado De opere monachorum, desarrollado hacia el 400), en el que, con fundamento en la Sagrada Escritura, se exigía de los monjes el trabajo manual.

De menor importancia son los numerosos escritos exegéticos, entre los cuales el comentario al Evangelio de San Juan merece una mención especial. Estos tienen un valor debido a la apreciación del significado espiritual más profundo de las escrituras de Agustín, pero apenas por sus cualidades exegéticas.

Sus cartas, por otro lado, están llenas de interés debido a la luz que arrojan sobre muchas preguntas en la historia eclesiástica de la época, y debido a sus relaciones con los teólogos contemporáneos como Jerónimo de Estridón. Carecen, sin embargo, de la vivacidad y el interés variado de las cartas del propio Jerónimo.

Oratoria

Como predicador, Agustín tiene gran importancia. Han logrado conservarse cientos de sermones, casi cuatrocientos, que pueden adscribirse a él con certeza. Muchos otros, no obstante, se le atribuyen sin que se haya podido comprobar su autoría.

Todavía en el año 2008 se descubrieron nuevos sermones, presuntamente de Agustín. Se trata de seis textos que llevaban seiscientos años olvidados en la Biblioteca Amploniana de la Universidad de Erfurt, en el este de Alemania.

Esta biblioteca recibe su nombre del alemán Amplonius Rating de Berka (Rheinberg, 1263 o 1364 – Colonia, mediados de abril de 1435), un erudito, médico y coleccionista de libros que en 1412 donó a la universidad 633 volúmenes manuscritos, entre los que se encontraban los textos de Agustín, que son copias manuscritas de la primera mitad del siglo XII, copiadas probablemente en Inglaterra.

Las investigadoras Isabella Schiller, Dorothea Weber y Clemens Weidmann, de la Universidad de Viena, quienes descubrieron los manuscritos, creen que estos llegaron a Inglaterra procedentes del sur de Italia, quizás antes de comenzar el primer milenio después de Jesucristo.

Los textos encontrados discurren sobre la limosna, la necesidad de que los católicos contribuyan con el sostenimiento de la Iglesia, las festividades de los mártires Cipriano de Cartago, Perpetua y Felícitas y, en el texto denominado "Quinto sermón de Erfurt", Agustín discute la realidad de la resurrección de los muertos y defiende la fiabilidad de las profecías de las Sagradas Escrituras.

Muerte durante el sitio de Hipona

Imagínate que eres Agustín de Hipona, ya mayor, con barba canosa, túnica un poco raída pero digna, y sentado en su escritorio, reflexionando sobre los misterios del alma, cuando de repente escuchas gritos afuera. No son gritos de niños jugando ni de vecinos cotilleando, sino el estruendo aterrador de los vándalos. Sí, nada menos que los vándalos, el grupo más ruidoso, caótico y peligroso del momento, habían llegado a tu puerta para arruinar la paz que quedaba en el imperio romano.

Pero vamos a retroceder un poco para entender cómo llegamos a esta situación tan surrealista. En el siglo V, el Imperio Romano estaba en sus últimas. Los emperadores se sucedían con la misma rapidez con la que Agustín pasaba de un pensamiento a otro en sus escritos filosóficos. Mientras en Occidente todo colapsaba, el norte de África, donde estaba la ciudad de Hipona, se mantenía relativamente en calma, hasta que los vándalos decidieron hacer una excursión destructiva por la región.

Los vándalos no eran simplemente unos maleducados que destrozaban estatuas y grafiteaban las murallas (aunque la palabra "vandalismo" viene de ellos). Eran un pueblo germánico que había llegado a África con un ímpetu increíble, saqueando ciudades y arrasando con todo a su paso. Su líder, el temido Genserico, era un señor con una ambición enorme y un ejército aún más grande. Y cuando pusieron sus ojos en Hipona, no lo hicieron para una visita turística.

Era el año 430, y la ciudad de Hipona, aunque importante, estaba lejos de ser la gran Roma o la resplandeciente Constantinopla. Pero para los vándalos, era una presa más en su cadena de saqueos, y además estaba estratégicamente ubicada en la costa. Así que Genserico decidió que era hora de añadir a Hipona a su lista de conquistas. Llegaron, rodearon la ciudad y comenzó el sitio.

Imagínate a los ciudadanos de Hipona, atrapados dentro de las murallas, mirando hacia afuera y viendo a estos tipos grandotes, con armaduras toscas y gritos estruendosos, todos ansiosos por entrar y llevarse hasta las piedras. La ciudad cerró sus puertas, se prepararon para resistir, y Agustín, el anciano obispo que todos veneraban, comenzó a rezar con más fervor que nunca.

El sitio de Hipona no fue una batalla de acción rápida y furiosa. Fue más bien un juego de paciencia que duró 14 meses. Los vándalos no eran conocidos por su destreza en los asedios, así que decidieron esperar afuera, confiando en que los de dentro se quedaran sin comida o sin esperanza. Mientras tanto, dentro de las murallas, la vida era cada vez más dura. El suministro de alimentos disminuía, las tensiones aumentaban y la desesperación comenzaba a apoderarse de la gente.

Agustín, aunque físicamente débil, seguía siendo el alma de la ciudad. Se dice que durante este período, él dedicaba su tiempo a rezar, escribir y consolar a los ciudadanos. Y si lo piensas, eso es todo un desafío, porque no debe ser fácil predicar la paz interior cuando afuera tienes a un montón de bárbaros tratando de derrumbar las murallas.

La situación dentro de Hipona empeoraba, pero Agustín tenía problemas más grandes. A sus 75 años, estaba gravemente enfermo de fiebre, y aunque su mente seguía aguda como siempre, su cuerpo ya no respondía igual. Mientras la ciudad resistía, él estaba en cama, meditando sobre la vida, la muerte y el más allá. Y aquí es donde las cosas toman un giro dramático: Agustín murió durante el sitio, el día 28 de agosto del año 430.

La ironía no podría ser mayor: el hombre que había dedicado su vida a pensar en el destino de las almas, murió justo cuando el destino de su ciudad pendía de un hilo. Pero su muerte no fue un evento cualquiera. Sus seguidores lo vieron como una pérdida espiritual irreparable, mientras que Genserico probablemente lo consideró un buen augurio para sus planes de conquista.

Poco después de la muerte de Agustín, el sitio de Hipona terminó, aunque no de la manera que los vándalos esperaban. La ciudad resistió durante unos meses más, hasta que finalmente los defensores lograron pactar una tregua con Genserico. Hipona no fue destruida inmediatamente, pero la situación del norte de África no mejoró. Los vándalos tomaron control de la región, e Hipona, aunque maltratada, siguió en pie por un tiempo más.

Lo curioso es que, aunque los vándalos eran famosos por arrasar con todo a su paso, no quemaron la biblioteca de Agustín. Quizás, incluso Genserico se daba cuenta de que había algo en esos textos que no debía ser destruido. O tal vez simplemente estaban más interesados en llevarse las riquezas materiales que en quemar pergaminos.

El sitio de Hipona fue una de esas ironías de la historia. La ciudad, que había sido un refugio de pensamiento y espiritualidad bajo la guía de Agustín, terminó sucumbiendo a la violencia de los tiempos. Pero mientras las murallas se desmoronaban y los invasores tomaban control, el legado de Agustín sobrevivió.

Mientras Genserico y sus vándalos celebraban su victoria, probablemente no tenían ni idea de que el anciano filósofo que había muerto dentro de las murallas de Hipona tendría un impacto mucho más duradero que sus conquistas. Porque, ¿quién recuerda a los vándalos hoy? ¿Quién en su vida cotidiana habla de Genserico? En cambio, Agustín, sus obras y las ideas que surgieron en medio de aquel caos siguen impactando el pensamiento occidental.

Influencia

En esta breve introducción a su vida se ha expuesto el retrato de San Agustín de Hipona, como hombre y como teólogo. Nadie puede negar la grandeza de su alma, su entusiasmo, su incesante búsqueda de la verdad, su disposición afectuosa, su ardor y su abnegación.

Aun aquellos que puedan poner en duda la validez de sus conclusiones dogmáticas, no pueden menos que reconocer la profundidad de sus convicciones espirituales, amén de la fuerza lógica y la penetración con que supo manejar las cuestiones más difíciles, tejiendo todos los elementos de su experiencia y de su profundo conocimiento de las Escrituras en un gran sistema de pensamiento cristiano.

De los cuatro grandes Padres de la Iglesia, él es en verdad el más grande: más profundo que Ambrosio, su padre espiritual; más original y sistemático que Jerónimo, su corresponsal, e intelectualmente mucho más distinguido que Gregorio Magno, su alumno en el trono apostólico.

Se puede decir que la autoridad teológica y la influencia de Agustín son inigualables. No solamente ha ejercido nunca un nombre tanto poder sobre la Iglesia cristiana, sino que jamás pensamiento alguno ha hecho una impresión tan profunda en el pensamiento cristiano.

Escolásticos y místicos, papas y oponentes de la supremacía papal, han hallado en él a un maestro. Fue el punto de apoyo sobre el que descansaba el pensamiento de Lutero cuando trató de levantar el pasado de la Iglesia de la rutina.

En tanto que, por otro lado, el juicio de muchos católicos todavía proclama las ideas de Agustín como la única base sólida de la filosofía.

Como sea, Agustín no deja de ser una figura de increíble actualidad, cuyo pensamiento no deja de recibir las más variadas interpretaciones, lo que quiere decir que sigue siendo una fuente de inspiración para interpretar y explicar la realidad.

De esta consulta cotidiana de la erudición agustina dan testimonio innumerables artículos especializados que se publican en revistas con asiduidad, así como, de vez en cuando, alguna tesis doctoral.

La época de Agustín

Supongamos por un momento que Agustín de Hipona tenía una cuenta de Instagram en su tiempo. Sus fotos podrían incluir un paisaje del norte de África con un filtro sepia, un selfi con una legión de romanos al fondo y, ¿por qué no?, una taza de vino en la mano y el título "#RepensandoElPecado". Pero más allá de la fantasía, la realidad es que Agustín vivió en un mundo que estaba en pleno desmoronamiento, como si el imperio romano fuera una fiesta que había durado demasiado tiempo, y ahora solo quedara limpiar el desastre.

Si quieres imaginar cómo era Tagaste, la pequeña ciudad donde nació Agustín, piensa en un lugar donde el polvo y las ruinas ya estaban empezando a apoderarse del panorama. El Imperio Romano, que había sido el equivalente del iPhone de las civilizaciones, es decir, la más avanzada de todas, ya estaba en modo "batería baja". La economía se tambaleaba, las fronteras eran tan porosas como un queso suizo y los líderes políticos estaban más interesados en salvar sus propios pellejos que en gobernar con sensatez.

La política de la época era, por decirlo de manera amable, un caos organizado. Los emperadores duraban lo que un helado en el sol africano, y las invasiones bárbaras eran el tema de moda en cada conversación. Para cuando Agustín era adulto, Roma ya había sido saqueada por los visigodos en el año 410. No es precisamente el ambiente más inspirador para alguien que solo quería filosofar y pensar en Dios.

Cartago, la ciudad adonde Agustín se trasladó para estudiar, era una verdadera metrópolis del mundo romano. Cartago era como Nueva York en la antigüedad, una ciudad vibrante llena de comercio, lujo y gente un tanto extravagante. Era un lugar donde podías ver desde filósofos callejeros debatiendo el sentido de la vida hasta soldados romanos comprando sandalias de cuero de alta calidad en el mercado.

Sin embargo, Cartago también era un lugar donde florecían la vida nocturna y las ideas radicales, algo que a la madre de Agustín, Mónica, no le hacía ni pizca de gracia. La pobre mujer no hacía más que rezar por su hijo, mientras Agustín disfrutaba de la fiesta, los excesos y el estilo de vida hedonista de un joven romano adinerado. Porque sí: Agustín era un alma torturada, pero no le decía que no a una buena juerga.

En cuanto a religión, las cosas estaban igual de revueltas que la política. En la época de Agustín, el cristianismo ya había dejado de ser una religión clandestina que se practicaba en las catacumbas. Constantino el Grande había legalizado el cristianismo en el año 313 y, para cuando Agustín se metió de lleno en las cuestiones de fe, ya era una religión bastante dominante. Sin embargo, eso no significaba que todo el mundo estuviera de acuerdo en qué significaba ser cristiano. ¡Oh, no! Los herejes estaban por todas partes, y las discusiones teológicas eran más calientes que un desierto en pleno verano africano.

Agustín también vivió en un tiempo en el que la sociedad romana se estaba fragmentando. Los ciudadanos estaban bastante agotados por las constantes guerras, los impuestos altísimos y la decadencia moral que, según los más conservadores, era la causa del colapso de todo. La clase alta se aferraba a sus riquezas mientras que el pueblo llano se las arreglaba como podía, sobreviviendo en medio de la inestabilidad.

La vida era dura, y si no eras parte de la élite romana, era mejor que te acostumbraras a una dieta de pan racionado y queso de dudosa procedencia. Pero eso no impedía que las clases bajas también buscaran diversión y escapes espirituales. Aparte de las cuestiones religiosas, había circo para todos: carreras de carros, luchas de gladiadores y cualquier otra cosa que pudiera distraer a la gente del hecho de que el imperio estaba colapsando a su alrededor.

Agustín vivió entre dos mundos: el del viejo orden romano, que estaba desapareciendo, y el nuevo mundo cristiano, que se estaba gestando. Como obispo de Hipona, que era una ciudad portuaria, Agustín presenció la invasión de los vándalos (que, por cierto, no eran los grafiteros que conocemos hoy en día, sino una temible tribu germánica).

Su vida fue un constante equilibrio entre el pensamiento profundo y el caos cotidiano de su tiempo. Como filósofo, Agustín reflexionó sobre el bien, el mal y el libre albedrío mientras los ejércitos saqueaban las ciudades y la gente luchaba por sobrevivir. Y aunque Agustín estaba completamente inmerso en las cuestiones de fe, también era consciente de los problemas terrenales. ¡Un hombre con los pies en la tierra... aunque a menudo con la cabeza en el cielo!

Si Agustín viviera hoy, tal vez publicaría una serie de tuits filosóficos sobre la caída de Roma y la corrupción moral, algo como: "¿Por qué luchamos por lo material cuando solo el alma perdura? #IdeasDeHipona". Pero en su tiempo, sus escritos fueron mucho más profundos. Su famosa obra Ciudad de Dios fue, en gran medida, una respuesta a la crisis que vivía el imperio.

Mientras los romanos perdían la fe en su antigua grandeza, Agustín les decía que no pusieran su esperanza en las cosas de este mundo, sino en la "Ciudad Celestial". Básicamente, su mensaje era: "Tranquilos, Roma puede colapsar, pero el cielo sigue ahí arriba, impasible".

En resumen, el obispo de Hipona vivió en uno de los momentos más tumultuosos de la historia. Mientras Roma se desmoronaba, él se dedicó a construir una visión de la vida que trascendiera los problemas políticos y sociales del momento. Aunque sus ideas fueron profundamente serias, no podemos evitar pensar que él, con su agudo intelecto, podría haber encontrado algo de humor en el hecho de que el mundo a su alrededor estaba en ruinas mientras él escribía sobre la eternidad del alma.

Bibliografía

scrito sobre todo a partir de la traducción libre de:

"Agustín de Hipona", en Enciclopedia Británica, 11.a edición, volumen 2, sección 8

Otras fuentes consultadas:

Brown, Peter. Biografía de Agustín de Hipona. (Trad. S. Tovar y M. R. Tovar.) Madrid: Revista de Occidente, 1970

Capánaga, Victorino. Agustín de Hipona, maestro de la conversión cristiana. Madrid: Editorial Católica, 1974. ISBN 84-220-0692-8

Rapisardi, Flavio. Para animarse a leer Agustín de Hipona (1.a ed.). Buenos Aires: Eudeba, 2012. ISBN 978-950-23-1989-6

About the Author

Félix Gerónimo (República Dominicana, 1976). Becario de la Pontificia Universidad Católica Madre y Maestra, donde se graduó en Derecho (Santo Domingo de Guzmán, 2007). Obtuvo un DEA en Gobierno y administración Pública por la Universidad Complutense de Madrid (España, 2012) con beca de la Agencia Española de Cooperación Internacional para el Desarrollo.

Also by Felix Geronimo

Cut-up: variantes y aplicaciones en la Literatura

"Cut-up: variantes y aplicaciones en la Literatura" es una obra esencial para cualquier escritor que desee expandir los límites de la creatividad literaria. Este libro desentraña la técnica del cut-up, desde sus orígenes con figuras icónicas como William S. Burroughs hasta su aplicación contemporánea en distintos géneros literarios.

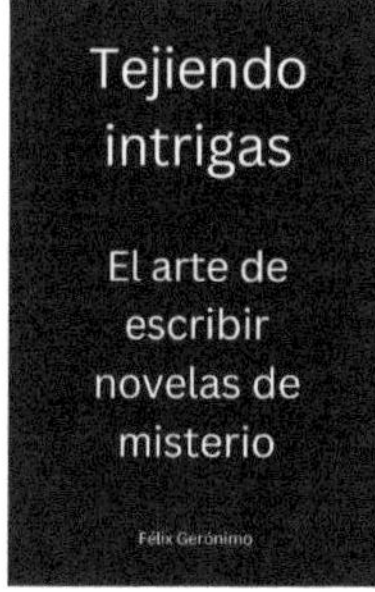

Tejiendo intrigas: el arte de escribir novelas de misterio

"Tejiendo intrigas: el arte de escribir novelas de misterio" es una guía esencial para aspirantes a escritores de misterio. Ofrece técnicas y consejos prácticos sobre construcción de tramas, desarrollo de personajes y creación de suspenso. Incluye ejemplos, análisis y recursos para ayudar a los autores a dominar el arte de tejer intrigas cautivadoras.

Pierre Bergé

"Pierre Bergé" narra la vida del influyente empresario francés, cofundador de Yves Saint Laurent, filántropo y activista cultural, destacando su impacto en la moda, el arte y la política.

Printed in the USA
CPSIA information can be obtained
at www.ICGtesting.com
CBHW032048271124
18027CB00012B/671